Marie Gauvillé

Paris noir

Ernst Klett Verlag
Stuttgart · Leipzig

Table des matières

1. Auflage 1 11 10 9 8 7 | 26 25 24 23 22

Alle Drucke dieser Auflage sind unverändert und können im Unterricht nebeneinander verwendet werden. Die letzten Zahlen bezeichnen jeweils die Auflage und das Jahr des Druckes.

Internetadresse: http://www.klett.de

Redaktion: Christelle Souvras
Umschlag: Beate Klauder, Esslingen.
Illustration: Beate Klauder, Esslingen.
Druck: AZ Druck und Datentechnik GmbH, Kempten/Allgäu
Printed in Germany.
ISBN: 978-3-12-591847-2

Liebe Schülerinnen und Schüler!

Lesen sollte vor allem Spaß machen.

In diesem spannenden Buch könnt ihr mit Yanis und seinen Freunden eine aufregende Kriminalgeschichte erleben. Quer durch Paris suchen Yanis, Camille und Hugo nach Madame Michel. Warum ist die alte Dame verschwunden? Wurde sie entführt? Wer hat Interesse daran, einer lieben alten Frau, die auf dem berühmten Friedhof Père Lachaise streunende Katzen füttert, Schaden zu zu fügen?

Auf diese und andere Fragen findet ihr hier die Antworten!

Ihr werdet feststellen, dass die Sprache in dieser Geschichte vielleicht anders klingt als die, der ihr im Lehrbuch begegnet seid. Französische Jugendliche benutzen nämlich gerne das *français familier*, die Umgangsprache. So auch Yanis und seine Freunde in diesem Buch. Sie sagen z.B. *ouais* anstelle von *oui* (S.7), oder *c'est flippant* für *ça fait peur* (S.10).

Hier weitere typische Merkmale des *français familier*:

- Vokale werden oft verschluckt: z. B. *j'vois* statt *je vois* (S.7).
- Bei Verneinungen fällt oft das *ne* weg: z. B. *j'aime pas* statt *je n'aime pas* (S.28).
- Das Wort *trop*, zuviel, wird oft verwendet, um Überschwang auszudrücken: z. B. *c'est trop génial! C'est trop nul!* (S.16).

So, und jetzt viel Spaß beim Lesen!

Avant la lecture

1. La couverture *(Umschlag)*

a) Regardez le dessin. Décrivez-le.
b) Faites des hypothèses sur l'histoire du livre.

2. Le titre

Lisez-le titre. Quel genre d'histoire pensez-vous lire?

3. Dans le livre

a) Ouvrez le livre, regardez les images et lisez la quatrième de couverture *(Rückentext)*. Que savez-vous déjà sur l'histoire? Où se passe l'histoire?

b) Lisez les titres de la table des matières (page 2). Quelles informations donnent ces titres sur l'histoire?

1. Où le lecteur rencontre les héros...

C'est l'histoire d'une vieille dame. La dame s'appelle madame Michel. Madame Michel est très vieille. Elle a au moins 74 ans. C'est aussi une histoire de chats, d'ombre, et... de mort!

L'histoire commence un mercredi matin, à Paris. Nous sommes en octobre, mais il fait beau. Il y a un grand soleil à Paris. Il est 7 heures et 42 minutes quand le jeune Yanis arrive au cimetière du Père Lachaise. Comme tous les jours de la semaine. Oui mais ce n'est pas un jour comme les autres...

1 **un héros** ein Held – 4 **au moins** mindestens – 4 **une ombre** ein Schatten – 9 **un cimetière** ein Friedhof

– Bonjour, madame Michel!
– Bonjour, Yanis! Tu vas où?
– Au collège, madame Michel! Comme tous les jours!
– Avec un beau soleil comme ça? On va à l'école, quand il fait beau?
– Ben oui! Mais c'est vrai, madame Michel! C'est nul! Il faut dire ça au Président de la République!
– Ah! Ce n'est pas possible, mon garçon! Il n'est pas ici! Et ceux qui sont là ne peuvent rien faire pour toi!
– Dommage! Alors je vais au collège! Bonjour à vos chats, madame Michel! À demain!
– Bonne journée, Yanis! À demain!

Yanis adore madame Michel, et madame Michel adore Yanis. Tous les matins, ils parlent, cinq ou dix minutes. Puis Yanis file au collège.

Madame Michel passe ses journées au cimetière du Père Lachaise. Elle s'occupe des chats. Et des tombes de morts sans famille, et sans amis. Chaque jour, elle voit seulement Abdel, le vieux jardinier du cimetière, les touristes qui viennent voir les tombes des gens célèbres enterrés ici, les chats et les morts.

Yanis est le seul jeune avec qui elle peut parler, madame Michel.

Il l'a rencontrée, il y a un an. Voici l'histoire qu'il a racontée à ses amis, Camille, et Hugo:

– Ce matin, je pars au collège. J'arrive au boulevard de Charonne et là, j'entends des bruits bizarres. Je vais voir et je trouve trois petits chats dans une poubelle!

7 **Le Président de la République** der Präsident der (frz.) Republik – 10 **dommage** Schade – 15 **filer** rennen – 17 **s'occuper de qc, qn** sich um etwas, jdn. kümmern – 17 **une tombe** ein Grab – 19 **un jardinier** ein Gärtner – 20 **célèbre** berühmt – 20 **être enterré(e)** beerdigt sein – 21 **un mort(e)** ein(e) Tote(r)

– Oh! Pauvres chatons! a dit Camille. Les gens sont trop horribles! C'est eux qu'il faut mettre à la poubelle!

Et elle a fait le geste de mettre quelqu'un à la poubelle.

– Ouais! Ou alors, il faut taper sur leur tête! a dit Hugo.

Et il a tapé sur le mur. Il a eu très mal, bien sûr.

– Bon, a continué Yanis, j'vois l'carton, mais j'sais pas ce que j'dois faire. Trois chatons! C'est beaucoup! Un monsieur arrive. Il me voit, il voit les chats, je lui raconte l'histoire. Et là, il me parle d'une femme qui donne à manger aux chats, au Père Lachaise!

Voilà comment Yanis a rencontré madame Michel. Il la voit tous les matins. Le mercredi après-midi, ou le samedi, ses amis vont avec lui voir la vieille dame. Et Camille a appelé les chats Yanis, Camille, et Hugo.

Maintenant, les trois chats sont grands, et très laids.

Le chat Camille est laid, mais la fille Camille est très jolie. Elle est grande, pour une fille, et très sportive. Elle fait du Parkour et du yoga. Elle a des cheveux très bruns, courts, et de grands yeux verts. Le plus gros défaut de Camille, c'est qu'elle est un peu arrogante.

L'autre ami de Yanis, c'est Hugo. Deux-trois personnes l'ont déjà appelé «le gros», et c'est vrai qu'il est un peu gros. Yanis et Camille l'appellent Obélix. Mais les autres personnes qui l'appellent comme ça prennent des coups!

---

1 **un chaton** ein Kätzchen – 2 **horrible** schrecklich – 4 **taper** *hier:* schlagen – 5 **un mur** eine Wand – 16 **laid(e)** hässlich – 18 **le Parkour** Sportart, bei der man sich durch Springen und Klettern fortbewegt – 18 **brun(e)** braunhaarig – 19 **gros(-se)** dick, *hier:* groß – 19 **un défaut** *hier:* eine negative Charaktereigenschaft (Mangel) – 24 **prendre des coups** geschlagen werden

Quand on l'appelle « Hugo», Hugo est un garçon très sympa.

Yanis, lui, est grand, brun, sportif, avec des grands yeux noirs. Il aime le ciné, et il déteste l'école. Plus tard, il veut être journaliste.
– … mais même Rouletabille a son bac! lui a dit son père.

Alors Yanis continue avec le collège. Heureusement, il y a Camille et Hugo, au bahut. Parce que sans eux…

Aujourd'hui, c'est mercredi. Pas de collège cette après-midi! Et il fait beau. Les trois amis vont au cimetière dire bonjour à madame Michel. Après, ils vont aller faire du shopping sur les Champs-Elysée. Le shopping, c'est une idée de Camille, bien sûr.

Les amis ne savent pas encore qu'ils vont avoir une mauvaise surprise.

Ils arrivent au cimetière, ils vont vers la petite cabane du jardinier, et là:

– Yanis! Camille! Hugo! C'est une catastrophe! Une grande catastrophe! Cette pauvre madame Michel!

C'est monsieur Abdel.

– Qu'est-ce qu'il y a, monsieur Abdel? Où est madame Michel? demande Yanis.
– On l'a enlevée! Elle a été kidnappée!
– Kidnappée? Camille ne comprend pas.
– Mais comment ça… Hugo ne comprend pas non plus.

---

6 **Rouletabille** Journalist, und Romanfigur einer Krimiserie Anfang des 20. Jahrhunderts, Autor: Gaston Leroux – 6 **le bac** das Abi – 7 **heureusement** zum Glück – 8 **le bahut** *(fam.)* die Schule – 16 **vers qc** *hier:* zu etwas hin(bewegen) – 16 **une cabane** eine Hütte – 23 **enlevé(e)** *hier:* entführt

– À midi, Mme Michel part faire les courses. Tout à coup, je l'entends crier: «Abdel! Abdel! Au secours!» Moi, vite, je vais l'aider! Mais quand j'arrive: pas de madame Michel! Disparue!

Les amis sont choqués. Qui a kidnappé une vieille dame si sympathique? Et pourquoi?

C'est absurde! Ils discutent, et cherchent, mais ils ne comprennent pas!

Mais bien sûr, quelqu'un a la réponse: la grande ombre noire, qui est là, derrière la tombe d'Edith Piaf…

Il est dix heures. Et 22 minutes.

2 **Au secours!** Zu Hilfe! – 4 **disparu(e)** verschwunden

2. Où Yanis a une idée (mais pas la bonne...)

Onze heures 01. Dans les allées du cimetière, les amis cherchent la vieille dame. Ils regardent entre les tombes, dans les buissons, ils cherchent derrière les stèles... Le soleil brille, mais il fait froid. Il n'y a pas de vent, mais les arbres bougent. Et il y a aussi cette ombre, étrange...

– Madame Michel! Madame Michel!

Personne ne répond.

– C'est bizarre! Personne ne répond! dit Obélix.
– C'est normal, idiot! Dans un cimetière, les morts ne répondent jamais!
– Dis pas ça, Camille!

Yanis ne veut pas le dire, mais lui aussi a peur. Les morts, les tombes, les arbres qui bougent alors qu'il n'y a pas de vent... Tout ça, c'est flippant.

– Madame Michel! Madame Michel!

Les amis font le tour du cimetière, mais ils ne trouvent pas la vieille femme.

– Elle est peut-être dans une tombe! dit Camille.
– T'es bête Camille! répond Yanis.
– Dites, quelqu'un nous suit, je crois, dit Obélix.

4 **un buisson** ein Busch – 4 **une stèle** ein Grabstein – 5 **briller** glänzen – 6 **étrange** seltsam, merkwürdig – 15 **flippant, e** angsterregend – 17 **faire le tour de qc** um etwas herumgehen, einen Rundgang machen – 21 **suivre qn, qc** jdn., etwas verfolgen – 21 **croire** glauben

– Ah bon? Qui?
– Je ne sais pas, Yanis. Mais c'est bizarre…

À ce moment-là, les amis entendent du bruit. Comme un animal. Mais il n'y a pas d'animal. Une branche craque. Et des petits oiseaux s'envolent.

– Ah mais qu'est-ce que… La jeune fille marche plus vite.
– Camille! Arrête de me pousser!
– Mais Hugo, je…
– Bon, vite! Venez! On va à la cabane! dit Yanis.

Personne ne le dit, mais avec cette vieille dame qui disparaît dans un cimetière, ces bruits, et tous ces morts… Ils ont peur, très peur. Ils courent pour aller à la cabane.

L'ombre les suit. Elle a entendu que les jeunes ont peur. Elle est contente, l'ombre. Elle sourit…

– Mais, les enfants! C'est ridicule!

Dans la cabane d'Abdel, les trois amis boivent un thé à la menthe.

– C'est ridicule! répète le vieux jardinier. Les morts ne peuvent rien vous faire!
– Mais monsieur Abdel!
– Camille, ce sont les vivants qui font peur! Les morts ont autre chose à faire!

4 **une branche craque** ein Ast knackt – 5 **des oiseaux s'envolent** Vögel fliegen weg – 7 **pousser qn, qc** jdn., etwas schieben – 11 **disparaître** verschwinden – 12 **courir** rennen, laufen – 14 **sourire** lächeln – 15 **ridicule** lächerlich – 21 **un(e) vivant(e)** ein(e) Lebende(r)

Les jeunes tremblent encore.

– Regardez-vous! dit monsieur Abdel. Il fait chaud, et vous tremblez! Vous n'êtes pas très courageux!
– Vous, vous êtes tous les jours avec les morts! Nous, non! Et en plus, on ne sait toujours pas où est madame Michel! Et ça, c'est vraiment flippant, non?
– Oui, c'est vrai…

Les quatre réfléchissent. Longtemps. Personne ne parle. Une ombre regarde dans la cabane, mais ils ne la voient pas.

– Je crois que j'sais! dit Yanis, soudain.
– Quoi? Tu sais quoi? demande Camille, impatiente.
– Je sais pourquoi madame Michel a été kidnappée! Enfin, je crois…

1 **trembler** zittern – 10 **soudain** plötzlich – 11 **impatient(e)** ungeduldig

– Ah bon? Pourquoi? Vite! Raconte!

– Attends, Obélix, attends… Un jour, madame Michel m'a parlé d'un peintre célèbre. Elle a peut-être été sa muse! Son prénom, c'est Madeleine, et…

– C'est elle, la Madeleine de Proust?!

– T'es vraiment bête, Hugo! Proust est mort avant la naissance de madame Michel! Et sa Madeleine, c'est un gâteau!

– Ah bon?! T'es sûre?

– Ben oui!

– Hugo, Camille, madame Michel m'a parlé d'un peintre, pas d'un écrivain!

– C'est drôle! Je ne connais pas cette histoire! dit monsieur Abdel.

– Je me dis que, peut-être…, continue Yanis.

– Oui? demande Camille.

Yanis réfléchit.

– Eh bien, si par exemple, ce peintre est très célèbre, il y a peut-être une histoire d'héritage!

– On a enlevé madame Michel pour de l'argent?

– On enlève toujours les gens pour de l'argent, Hugo!

– C'est bon, Camille! Je sais que c'est pour l'argent! Mais madame Michel est riche?

– Vous savez quelque chose, vous, monsieur Abdel? demande Yanis.

– Ah non, les enfants! On ne parle jamais d'argent, madame Michel et moi!

– Bon, on doit trouver ce peintre!

– Elle ne t'a pas dit son nom, Yanis? dit Hugo.

– Si, mais je l'ai oublié! Mais je sais où est sa tombe, venez!

---

3 **un peintre** ein Maler – 3 **célèbre** berühmt – 5 **Marcel Proust** frz. Schriftsteller, Anfang des 20. Jahrhunderts – 7 **une naissance** eine Geburt – 12 **un écrivain** ein Schriftsteller – 19 **un héritage** ein Erbe – 20 **enlever qn, qc** jdn., etwas entführen – 23 **riche** reich

Cette fois, les arbres ne bougent pas. Il fait bon, et le Père Lachaise est calme. On comprend pourquoi les Parisiens et les touristes aiment ce cimetière! Il est paisible, avec beaucoup d'arbres, des belles allées, des petits chemins, des fleurs... Mais les trois jeunes ne profitent pas du calme. Ils courent jusqu'au chemin de l'Ancienne porte, tournent à droite, puis à gauche. L'ombre les suit...

– C'est là! J'en suis sûr!

Yanis est devant une tombe. Sur la tombe, il y a plusieurs noms.

– Regardez! C'est lui! C'est ce peintre, j'en suis sûr!
– Qui ça? Il y a 10 noms! dit Camille.
– Camille Pissaro! Je suis sûr que c'est lui!
– Yanis...
– Quoi, Camille?
– Camille Pissaro est mort en 1903.
– Et alors?
– Et alors?! Alors si madame Michel a été sa muse, ça veut dire qu'elle a au moins 130 ans!
– Ah...

Yanis n'a pas pensé à ça.
– Et si j'ai pas tout compris? Si c'est la grand-mère de madame Michel, la muse?

Camille (pas Pissaro, la fille Camille) dit:

---

2 **calme** ruhig – 3 **paisible** friedlich – 4 **un chemin** ein Weg – 5 **une fleur** eine Blume – 5 **profiter de qc** *hier:* etwas genießen (von etwas profitieren) – 6 **jusqu'à, jusqu'au** bis – 6 **Chemin de l'Ancienne Porte** *(Weg der alten Tür)* Weg im Friedhof Père Lachaise – 13 **Camille Pissaro** frz. Maler (1830–1903)

– Et madame Michel, c'est peut-être la petite-fille de Pissaro?
– Alors si elle est la petite-fille d'un peintre célèbre, dit Hugo, elle est peut-être très riche!
– Oui! Et c'est pour ça qu'on l'a enlevée!

Camille est d'accord avec les garçons… mais pas longtemps. Parce que monsieur Abdel arrive. Il court. Il a une autre nouvelle, horrible. Horrible et bizarre.

– Les enfants! Les enfants!
– Quoi, monsieur Abdel? demande Yanis.
– Hugo et Camille… Ils ont disparu, eux aussi.
– Comment ça? Mais on est là!
– Pas toi, Hugo! Les CHATS Hugo et Camille!
– Ah!… HEIN?!!
– Ça veut dire quoi, les chats ont disparu?! demande la jeune fille.

Tout le monde parle en même temps, parce que personne ne comprend. D'abord madame Michel, et maintenant, les chats?! Quelle histoire!

Monsieur Abdel et les amis ne le savent pas. Mais les chats sont encore au Père Lachaise. Dans le grand sac de l'ombre, qui quitte le cimetière par la petite porte, au nord.

On les entend miauler encore un peu, et puis: plus rien…

Il est 13 h 06.

8 **une nouvelle** eine Neuigkeit – 17 **en même temps** gleichzeitig – 22 **quitter** verlassen – 23 **miauler** miauen

3. Où les filles sont plus intelligentes…

13 h 22

– *Camille! Camille! On doit parler, toi et moi!*

C'est une voix d'homme qui parle. La voix est calme, et méchante, en même temps.

– *Allez Camille! Viens! Je n'aime pas attendre!*

La voix est encore un peu plus méchante.

– *Viens là, je te dis!*

On entend un cri horrible.

– *Arrêtez! Elle ne vous a rien fait!*

Ça, c'est la voix de… Madame Michel! Elle a peur. Oui, madame Michel a très peur…

– Les filles, c'est vraiment trop nul!

La voix de Yanis est énervée. Camille n'est pas d'accord avec Hugo et lui! Comment est-ce qu'on peut être aussi…! Oh!!! Il n'y a même pas de mots! Là, elle est partie de son côté chercher… les chats!

– Si je trouve les chats, je trouve madame Michel, a dit la jeune fille.

1 **intelligent(e)** intelligent – 5 **méchant(e)** böse, gemein – 9 **un cri** ein Schrei – 14 **énervé(e)** genervt – 16 **de son côté** *hier:* auf eigene Faust

C'est stupide! Parce que Yanis et Hugo pensent que c'est si on trouve madame Michel, qu'on trouve les chats! Une fille, ça veut toujours avoir raison ! Et Camille fait toujours ce qu'elle veut! Toujours!

– Ouais, c'est vraiment nul, les filles! dit Hugo. Yanis! Yanis! Attends-moi!

Sur le trottoir, Obélix court derrière son ami. Mais c'est difficile! Yanis est dans le club de parkour de Paris, c'est un champion, il saute partout! Surtout quand il est énervé, comme maintenant.

Hugo et Yanis vont à la bibliothèque du Centre Pompidou. Ils veulent chercher des informations sur le peintre Pissaro. Ils veulent comprendre pourquoi on a enlevé madame Michel, comme ça...

1 **stupide** dämlich – 9 **partout** überall – 11 **Centre Pompidou** Pariser Museum für zeitgenössische Kunst

– *Je ne comprends pas! Pourquoi Camille ne veut pas parler avec moi! Elle sait que c'est important, non? Si elle ne parle pas, je vais la punir…*
– *NON! Arrêtez! S'il vous plaît! Ne lui faites rien!*

Madame Michel a toujours peur. Normal: la voix est toujours aussi méchante. L'ombre ne rigole pas…

– Pffff Pffff Pfff Pfff…

Les Parisiens disent «Beaubourg» à la place de Centre Pompidou, mais Obélix dit juste ça:

– Pffff Pffff Pfff Pfff…

Lui et Yanis sont maintenant à côté de la fontaine, là où il y a les grosses «nanas» de l'artiste Nicky de Saint-Phalle. C'est un endroit de rendez-vous connu, à Paris. Et on n'a pas le droit de sauter dans la fontaine! Pour Hugo, c'est parfait… Comme ça, Yanis reste tranquille!

– Bon, on fait quoi alors, maintenant? demande Hugo.
– Ben, on rentre dans la bibliothèque de Beaubourg, et on cherche des infos sur Pissaro! Je suis sûr que Camille a tort!
– Qui a tort? Pissaro? Mais comment est-ce qu'il peut…
– Mais non Hugo! Pas Camille le peintre! Camille la fille!

3 **punir qn** jdn. bestrafen –11 **la fontaine** die Fontäne – 12 **Nicky de Saint Phalle** frz. Künstlerin (1930 – 2002), berühmt u. a. für ihre „nanas“, bunte Frauenfiguren – 13 **un rendez-vous** ein Treffen – 15 **parfait(e)** perfekt – 15 **tranquille** ruhig – 19 **avoir tort** ≠ avoir raison

Les deux garçons rentrent dans la bibliothèque de Beaubourg. Ils restent une heure, mais ils ne trouvent rien sur le célèbre peintre. Après, ils vont encore une heure à la bibliothèque nationale de France, la BnF. Mais là encore: rien! Enfin, si: il y a beaucoup d'infos sur Camille Pissaro, le peintre…

– … mais je n'ai rien trouvé sur sa famille. Et toi? demande Yanis.
– Moi non plus, répond Hugo. Rien sur une Madeleine. C'est galère!

Yanis est toujours énervé. Mais son copain, lui, reste calme…

– *Il est énervant, Hugo! Il ne dit rien! Il ne fait rien! Allez Hugo! Viens! Parle! Bouge!*
– *Non! Pas Hugo! Pas Hugo!*
– *Si! Il le faut!*

Ce pauvre Hugo! Le plus gentil de tous! Qu'est-ce que l'ombre va lui faire? Madame Michel veut l'aider, mais comment? L'ombre a mis Camille dans une chambre toute noire, mais elle s'est enfuie. Elle est courageuse. Mais Hugo! Ce pauvre, pauvre Hugo…

– *Je vais le faire parler, lui! Vous allez voir!*

L'ombre a un petit rire méchant…

---

4 **BnF / Bibliothèque nationale de France** große Bibliothek im Zentrum von Paris – 10 **C'est galère!** *(fam.) hier:* Das ist echt ätzend! – 13 **énervant(e)** nervig – 16 **il le faut** es muss sein – 17 **gentil(-le)** nett – 20 **s'enfuir** weglaufen – 23 **un rire** ein Lachen

– Bon, on fait quoi, maintenant? demande Hugo.
– On retourne au cimetière. C'est peut-être un autre peintre, dit Yanis. Mais il faut faire vite!

Au Père Lachaise, les deux garçons vont voir le jardinier qui demande:

– Un autre peintre? Mais pourquoi?

Monsieur Abdel est étonné.

– Et pourquoi un peintre? Pourquoi pas, je ne sais pas moi… Un sculpteur? Un écrivain? Un médecin? Un chanteur?
– Un chanteur? Yanis est étonné.
– Oui! Ici, on trouve par exemple Serge Gainsbourg. Ou Edith Piaf! Et ici, regardez: vous connaissez cette dame?
– Colette? Non, qui est-ce? demande Hugo.
– Un écrivain très célèbre! Une femme qui a tellement aimé les animaux que même morte, il y a toujours des chats sur sa tombe!

Et c'est vrai: sur la tombe de Colette, il y a des douzaines de chats.

– Les pauvres! Ils sont malheureux! Madame Michel n'est plus là, alors ils ne mangent plus! Ils n'ont plus d'appétit! dit monsieur Abdel.
– Il faut retrouver madame Michel, c'est clair! Mais monsieur Abdel, je suis sûr: c'est un peintre qu'on cherche! explique Yanis.

---

7 **étonné(e)** erstaunt – 9 **un sculpteur** ein Bildhauer – 9 **un médecin** ein Arzt – 12 **Serge Gainsbourg** frz. Komponist und Sänger (1928–1991) – 14 **Colette** frz. Schriftstellerin (1873–1954), berühmt u. a. wegen ihrer großen Tierliebe – 15 **tellement** so sehr – 18 **des douzaines de** Dutzende

– *Cet Hugo ne sert vraiment à rien! Camille s'est enfuie. Mais lui… Je vais voir… Allez madame Michel! On va au cimetière! On va chercher l'autre! Venez! Vous allez m'aider!*
– *Ah non! Vous êtes un monstre! Je ne veux pas… Aïe! Vous me faites mal! Arrêtez! Arrêtez!*
– *Taisez-vous! Vous êtes comme les chats, vous n'écoutez pas! Je vais vous mettre à la cathédrale et après, je vais aller au cimetière. Seul.*

– Alors les garçons! Vous avez trouvé quelque chose?

Camille arrive au cimetière.

– Camille! Ça va?
– Ben oui, Yanis! Pourquoi? Vous faites quoi, là?
– On cherche un autre peintre.
– Oubliez ça! Moi, j'ai trouvé! Là! C'est dans le journal!

Les garçons et monsieur Abdel regardent le journal.

– Vous voyez? Dans l'article, ils disent que des laboratoires achètent des animaux vivants pour leurs expériences!
– Mais c'est horrible! dit M. Abdel.
– Quels laboratoires? Et pour faire quelles expériences?
– Tout est écrit dans l'article, Hugo! Faut apprendre à lire! Je suis sûre que c'est pour ça!
– Mais c'est ridicule! Madame Michel n'est pas un chat! Qu'est-ce que les laboratoires vont faire, avec elle? demande Yanis.

1 **servir à qc** zu etwas nützlich sein – 5 **un monstre** ein Monster – 7 **Taisez-vous!** Seien Sie still! – 17 **un laboratoire** ein Labor – 18 **une expérience** ein Experiment

– C'est un témoin! Alors ils ont préféré la… Vous avez entendu?

– Non! Quoi? dit Hugo.

– Ce bruit, là! Derrière la cabane! Venez! Vite!

– Là! Il y a quelqu'un! Vite! Il faut le suivre!

L'ombre sursaute. Ils l'ont entendue? Vite! Yanis! L'ombre attrape sa victime, et part. Elle court. Mais pas assez vite. Les amis courent derrière l'ombre. Le chat Yanis se débat comme un fou, dans le grand sac… Mais qui est ce personnage qui kidnappe tout sur le cimetière? Un savant fou? Un assassin? Un monstre?

Il est 16 h 15.

Illu: Trafic d'animaux: les chats sont les premières victimes! Tierschmuggel: Katzen sind die ersten Opfer! – 1 **un témoin** ein Zeuge – 6 **sursauter** aufschrecken – 7 **attraper qc** etwas fangen – 9 **se débattre** sich wehren – 10 **un personnage** *hier:* eine Gestalt – 10 **un savant fou** ein verrückter Wissenschaftler – 11 **un assassin** ein Mörder

4. Où les héros courent dans Paris...

– Vite! Vite!

Les amis courent derrière l'ombre. Ils traversent tout le cimetière, sortent, arrivent sur le boulevard de Ménilmontant... Mais l'ombre est toujours plus rapide qu'eux. On entend Yanis qui crie, dans le grand sac de l'ombre.

– Regardez! Il va à la station de métro! dit Yanis.
– C'est quelle station? demande Camille.
– Philippe Auguste, je crois! Sur le boulevard de Charonne! répond Hugo.
– Mais non! Il tourne! Il va vers la station Voltaire! dit Camille.
– S'il prend le métro, on va le perdre! Ça craint! dit Yanis.

Mais l'ombre ne prend pas le métro. Elle continue sa course sur la rue de la Roquette.

– Je comprends toujours pas, pffff pffff pffff, pourquoi les laboratoires prennent des animaux dans la rue! dit Hugo.

Pour lui, c'est difficile de parler et de courir en même temps. Il est fort, mais pas très rapide.

– Plus vite! On va le perdre! crie Camille.

Camille explique sa théorie aux garçons.

– En Europe, il y a des laboratoires qui cherchent la vie éternelle.

---

1 **courir** laufen – 5 **rapide** schnell – 14 **Ça craint!** *(fam.) hier:* Das ist riskant! – 21 **fort(e)** stark

– La quoi?!
– La vie éternelle. Les gens ne veulent plus mourir, alors il faut trouver des solutions et… Yanis! Tu vas où?
– On va le perdre! Je ne le vois plus!

Yanis saute sur un mur. Le champion de parkour est revenu!

– Là! Il est devant l'Opéra Bastille! Hugo! Plus vite!
– Pffff Pffff Pffff… J'peux pas Yanis! Camille, va avec Yanis! On reste en contact!
– OK! dit la jeune fille.

Camille saute elle aussi sur les murs. Au parkour, elle est aussi bonne que Yanis! Ils avancent très vite.

Plus loin, ils voient l'ombre. Mais l'ombre ne les voit pas. Elle court moins vite. Et là! Elle stoppe. Yanis et Camille la regardent. L'ombre parle… à son sac! Les amis restent sur un mur, très haut.

– L'ombre a encore le chat Yanis, Yanis!
– Et il est vivant!
– C'est bon signe!

Vite, Camille appelle Hugo, ils mettent le haut-parleur sur leurs téléphones. Et elle continue son histoire.

La jeune fille a lu un article horrible. Dans cet article, le journaliste parle des gens qui paient beaucoup d'argent pour rester jeunes. Et ne pas mourir. Jamais! Alors des laboratoires cherchent des méthodes miracles. Et ils utilisent des animaux pour leurs tests. Des animaux que des gens pas sympathiques volent un peu partout dans les

---

2 **la vie éternelle** das ewige Leben – 2 **mourir** sterben – 6 **Opéra Bastille** Operngebäude im Zentrum von Paris, erbaut Ende des 19. Jahrhunderts – 13 **stopper** anhalten – 15 **haut(e)** hoch – 18 **C'est bon signe!** Das ist ein gutes Zeichen! – 19 **un haut-parleur** ein Lautsprecher – 24 **un miracle** ein Wunder – 26 **voler** *hier:* stehlen

rues de Paris. Et dans les cimetières. Sauf que là, madame Michel a vu l'ombre…

– …et elle a voulu aider les chats, je suis sûre! dit Camille.
– Mais pourquoi le chat Yanis? demande Hugo, au téléphone. Et où va l'ombre? Où est madame Michel?
– Je ne sais pas, Hugo, répond Camille. Ça, ce n'est pas dans le journal.
– On ne sait pas qui a volé les chats et kidnappé madame Michel, dit Yanis.
– Non, toujours pas, répond Camille.
– Il fait quoi, là? demande Hugo.
– Il regarde un plan. Je ne sais pas si… Attention! Il va vers le métro! Yanis! Vite! Hugo! Il prend le métro à Sully-Morland! Il peut aller où?

Yanis et Camille recommencent leur parkour «spécial ombre», et Hugo regarde sur son téléphone: station Sully-Morland. Il appelle Camille:

– Il va traverser la Seine! C'est la ligne 7! Elle passe de l'autre côté! Après, elle va jusqu'à la Place d'Italie.
– La Place d'Italie?! Mais pourquoi il veut… Oh! Je sais! Je sais! dit Camille.

Camille crie dans le téléphone.

– Hugo! Prends le métro! Va à la station Gare d'Austerlitz! On t'appelle! Vite!

Camille court, et Yanis la suit. Ils prennent la ligne 7. Ils ne voient pas l'ombre, elle a pris le métro juste avant… si elle a pris le métro!

1 **sauf que…** nur, dass… – 15 **recommencer** wieder aufnehmen – 18 **La Seine** Pariser Fluss – 18 **la ligne** die Linie – 18 **passer** *hier:* führen – 19 **de l'autre côté** auf die andere Seite

– Tu es sûre que l'ombre a pris le métro?
– Oui, Yanis. Je suis sûre… à 87 %…

Le métro part, il va vite. Camille regarde son téléphone, mais dans le métro, ça ne passe pas. Pas de nouvelles de Hugo!

– Plus vite! Plus vite!

Camille est nerveuse. Yanis la regarde. Il ne comprend pas.

– Camille, pourquoi la gare d'Austerlitz? Il va partir de Paris, tu crois?
– Non, Yanis, je ne crois pas. Mais je crois que… Viens! On est arrivés! On y va!

Camille court très vite, Yanis n'a pas le temps de demander où ils vont. Parce que là, au bout du quai d'Austerlitz, qui longe la Seine, il voit…

– Le Museum d'histoire naturelle! Tu crois que…
– Oui, je crois que l'ombre va là.

À ce moment, le portable de Camille sonne. C'est Hugo. Il est à la gare d'Austerlitz.

– Vous êtes où?
– On va au Museum d'histoire naturelle! L'ombre est sûrement là-bas!
– Je prends le métro! Je suis là dans dix minutes!

Camille et Yanis arrivent au Museum, qui est juste en face de la Grande mosquée. C'est un endroit que les Parisiens et

---

4 **ça ne passe pas** *hier:* es gibt keinen Empfang – 6 **nerveux/nerveuse** nervös – 7 **Gare d'Austerlitz** Einer von vier Pariser Bahnhöfen, von dem die Züge Richtung Westen abfahren – 12 **au bout du quai** am Ende des Kais – 13 **longer** entlanglaufen – 14 **Museum d'Histoire naturelle** großes Naturkundemuseum – 20 **sûrement** sicher – 22 **en face** gegenüber – 23 **La Grande Mosquée** Moschee im Herzen von Paris, tagsüber als Café zugänglich

les touristes aiment beaucoup. Heureusement! Parce qu'il y a toujours beaucoup de monde qui attend pour entrer dans le musée. Et l'ombre aussi est obligée de faire la queue!

– Viens! On peut l'attraper! dit Yanis.
– T'es fou? On doit d'abord trouver madame Michel!

Les amis surveillent l'ombre. Camille est inquiète: le chat ne bouge plus, dans le sac. Et pas de madame Michel. Où est-ce qu'ils sont? Est-ce qu'ils vont bien? Qui est cette ombre qui les a kidnappés? Pourquoi elle enlève une vieille dame et des chats?
Au moment où l'ombre entre au Museum, Hugo arrive enfin. Plus que quelques personnes devant eux, et les trois peuvent rentrer au Musée. Oui mais…

– Ouaouh! C'est énorme! C'est… gigantesque, ce musée!
– Tu n'es jamais venu ici, Hugo?

Camille le regarde, elle est étonnée.

– Ben non. J'aime pas les musées. Mais ici, c'est vraiment génial!
– Pffff! Tu n'es pas très curieux! Tout le monde à Paris connaît le Museum! Mais bon, c'est vrai que toi, tu préfères les restaurants!
– Camille, laisse Hugo tranquille! Tout le monde n'est pas comme toi.
– Je sais, et c'est dommage!
– Bon, dit Hugo, on cherche madame Michel ou quoi?

C'est vraiment très grand, et les amis ne voient plus l'ombre. Ils cherchent à tous les étages. Mais ce n'est pas facile.

---

3 **être obligé(e) de** + *inf.* zu etwas gezwungen sein – 3 **faire la queue** anstehen – 4 **attraper qn, qc** jdn., etwas fangen – 6 **surveiller** *hier:* im Auge behalten – 6 **inquiet, inquiète** besorgt – 11 **au moment où…** in dem Augenblick, in dem … – 14 **énorme** riesig – 14 **gigantesque** gigantisch – 16 **étonné(e)** erstaunt – 22 **tranquille** ruhig – 27 **un étage** ein Stockwerk

Le Museum est grand, un peu magique, et un peu effrayant, aussi. À cause de tous ces animaux morts…

L'ambiance est… étrange. On voit des animaux qui n'existent plus, des papillons sur les murs, un éléfant qui a l'air vivant, des squelettes de dinosaures… Les gens ne parlent pas. Il n'y a pas de bruit…
Les amis cherchent chacun à un étage.

SMS de Hugo à Camille et Yanis:
– Vous croyez qu'on peut empailler des gens?
Réponse de Yanis:
– OH! Tu penses à madame Michel?!
Réponse de Camille:
– HUGO! Tu dis n'importe quoi!

Les amis ont un peu peur. C'est normal: une ombre a enlevé une vieille dame et des chats d'un cimetière, et là, cette ombre est… Au Museum, là où il y a des animaux morts. Beaucoup d'animaux morts!

---

1 **magique** magisch, verzaubert – 1 **effrayant** schreckenserregend – 2 **à cause de** wegen – 3 **étrange** merkwürdig – 4 **exister** *hier:* leben – 4 **un papillon** ein Schmetterling – 5 **avoir l'air** so wirken, als ob – 7 **chacun(e)** jede(r) – 9 **empailler** ausstopfen – 13 **n'importe quoi** *hier:* so ein Blödsinn!

SMS de Camille aux garçons:
– Il y a beaucoup de morts, dans cette histoire, non?
Réponse de Yanis:
– Beaucoup de morts, OUI!
Réponse de Hugo:
– OUI!! TROP!

Les trois tournent une heure dans le Museum. C'est long!

SMS de Yanis:
– Pas d'ombre… Qu'est-ce qu'on fait?
Réponse de Camille:
– On retourne au cimetière? Peut-être que…
Réponse de Hugo:
– L'OMBRE! L'OMBRE! L'OMBRE!
Réponse de Yanis et de Camille:
– OÙ?
Réponse de Hugo:
– Rez-de-chausssée, squelette de baleine

Yanis et Camille courent vers le squelette. Hugo les attend. Ils voient l'ombre. Elle sort du Museum. Elle n'a plus de sac. Où est le chat?

- Il travaille au Museum, c'est clair ! dit Camille. Et le chat est encore ici, ça aussi c'est clair. Mais on va le chercher plus tard! Là, il faut trouver madame Michel!

Les trois amis courent derrière l'ombre, mais un petit livre tombe de sa poche. Sur le livre, un mot:

«Réincarnation»…

17 **le rez-de-chaussée** das Erdgeschoss – 17 **une baleine** ein Wal – 26 **la réincarnation** die Wiedergeburt

5. Où on comprend tout... ou presque!

– Je ne comprends pas! dit Camille.
– Moi non plus! dit Yanis.

Les trois jeunes sont dans le métro, derrière un groupe de touristes allemands. Comme ça, l'ombre ne peut pas les voir. Ils chuchotent. Pourquoi l'ombre lit un livre sur la «Réincarnation»? Elle veut être réincarnée? Et si oui, en quoi? Et quel rapport avec madame Michel, et les chats?

– Et si madame Michel est la réincarnation de Camille? demande Yanis.
– De Camille? Mais elle est là! dit Hugo.
– Pas de moi, idiot! De Pissaro!
– Ah!
– Arrête de dire idiot à Hugo, Camille! Réfléchissons! Si madame Michel est la réincarnation de Pissaro...
– ... alors elle est riche, et l'ombre veut son argent! Hugo est content parce qu'il comprend!
– C'est ça! dit Yanis.
– C'est stupide, les garçons! La réincarnation, ça n'existe pas!

Comme la dernière fois, l'ombre avance sans regarder derrière elle. Change de métro entre deux stations. Vite. Les amis n'ont toujours pas pu voir son visage.

Dans le métro, il y a beaucoup de monde. Les gens courent, comme toujours, à Paris. C'est difficile de suivre une ombre! Hugo est fatigué.

– On suit cette... chose depuis des heures! Faut qu'elle arrête, un peu!

---

6 **chuchoter** flüstern – 8 **quel rapport** wo ist der Zusammenhang – 23 **un visage** ein Gesicht

Oui mais l'ombre n'arrête pas. Elle continue. Elle prend de nouveau le métro. Vite! Il ne faut pas la perdre!

A la station Pont-Marie, tout le monde descend. D'abord, l'ombre marche normalement. Puis, tout à coup, elle regarde sa montre et… court! Elle court de plus en plus vite, bouscule du monde, fait tomber un enfant… Yanis et Camille courent vite, mais Obélix n'arrive pas à suivre. Il dit à ses amis de continuer sans lui.

– C'est nul! pense Hugo. Pauvre madame Michel! Je suis trop gros! J'peux pas l'aider…

Yanis et Camille sont toujours derrière l'ombre. Ils arrivent à… la cathédrale de Notre-Dame! Ici aussi, les gens attendent, mais pas l'ombre. Elle, elle passe par le côté.

Sur le côté, il y a une petite porte. L'ombre rentre dans la cathédrale, la porte se referme derrière elle. Quand les deux arrivent et veulent entrer aussi, catastrophe!

– La porte est fermée!! On peut pas rentrer par ici!
– Si! Viens, Yanis! On passe par les murs!
– OK! J'écris vite un SMS à Hugo! Je lui dis où on va!

Même pour un champion de parkour, c'est difficile de grimper sur la cathédrale Notre-Dame! Camille et Yanis ne vont pas très vite. Ils grimpent haut, très haut. Ils n'ont jamais grimpé aussi haut! Et ce qu'ils font, là, c'est dangereux. Très dangereux. Mais il faut sauver madame Michel! Alors ils continuent.

---

3 **Station Pont-Marie** eine der zahlreichen Pariser Metrostationen – 4 **marcher** gehen – 4 **normalement** normal – 6 **bousculer** *hier:* anrempeln – 12 **Cathédrale de Notre-Dame** berühmte Pariser Kirche erbaut zwischen dem 12. und 14. Jahrhundert – 13 **par le côté** seitwärts – 15 **se refermer** sich wieder schließen – 18 **passer par** an etwas entlanglaufen – 22 **grimper** klettern – 24 **sauver** retten

Ils arrivent à une petite fenêtre, ils regardent dans la pièce mais… rien! Pas de Mme Michel. Ils continuent. C'est haut! Les amis risquent leur vie, pour sauver leur amie.

– Yaniiiiiis!

Camille vient de glisser. Quel cauchemar! Yanis l'attrape au dernier moment. Mais pas le temps de respirer.

– Merci! Vite, on doit retrouver l'ombre!

Enfin, ils arrivent sur un petit mur, à côté d'une fenêtre. Devant la fenêtre, il y a des barreaux.

– Camille! Regarde!
– Où est Hugo? Il ne répond pas au téléphone!

---

3 **risquer** aufs Spiel setzen – 5 **glisser** *hier:* ausrutschen – 5 **Quel cauchemar!** So ein Albtraum! – 5 **attraper** fangen – 6 **respirer** atmen – 9 **un barreau** ein Fenstergitter

L'ombre est là. Ils voient son dos. Et devant l'ombre, il y a madame Michel, elle a Hugo dans les bras. Le chat Hugo. Les deux ont très peur. L'ombre est menaçante… Yanis et Camille ne peuvent rien faire. Ils vont voir l'ombre tuer madame Michel, et Hugo. C'est un cauchemar!
CRRAC!
Une porte explose. Derrière la porte:

– Hugo!!!

Hugo, le garçon. Il se jette sur l'ombre. Il la plaque au sol. Madame Michel et le chat Hugo sont libres. Enfin!

Épilogue

– Je ne comprends toujours pas! dit monsieur Abdel.

Au cimetière du Père Lachaise, dans la cabane de monsieur Abdel, les trois amis boivent un thé avec le vieux jardinier. Tout le monde veut raconter l'histoire au jardinier!

– Chut! dit Camille. C'est Hugo qui raconte! C'est lui, le héros du jour!

Hugo est tout rouge.

– Alors, commence le garçon, je n'ai pas tout compris, moi non plus! Mais l'ombre, c'est un fou, et un fan d'Edith Piaf. Pour lui, Piaf s'est réincarnée dans un chat. Et il a voulu la transformer de nouveau en femme.

---

3 **menaçant(e)** bedrohend – 4 **tuer** töten – 7 **exploser** explodieren – 9 **se jeter sur qc** sich auf etwas werfen – 9 **plaquer qn au sol** jdn. auf den Boden werfen – 10 **libre** frei – 22 **transformer** verwandeln

– Mais c'est fou! dit monsieur Abdel.

– Ben oui. C'est un fou, répond Camille. Comme Edith Piaf est enterrée ici, et qu'il y a toujours des chats partout…

– Bon, c'est pour ça qu'il a enlevé les chats. Mais madame Michel? Ce n'est pas un chat!

– Non, mais quand on est au mauvais moment au mauvais endroit, voilà ce qui arrive! explique Hugo.

– Alors il a voulu faire de la magie avec les chats! Incroyable! Bon… Camille, enfin, le chat Camille est là, Hugo aussi… Mais le chat Yanis?

– Au museum, il a sauté du sac, et l'ombre ne l'a pas retrouvé. Le pauvre Yanis est resté une heure dans un placard avec des animaux morts! dit Yanis.

– Mais on est allés le chercher, avec la police! Là, il est chez le vétérinaire avec Mme Michel, dit Hugo.

– Mais pourquoi ces trois chats et pas trois autres?

– Parce que, explique Camille, ils sont toujours sur la tombe d'Edith Piaf ! On ne sait pas pourquoi. Et c'est Mme Michel qui lui a donné le nom des chats.

– Je vois! Quelle aventure, les enfants! Quand on pense que les gens pensent que sur un cimetière, il ne se passe jamais rien!

Et monsieur Abdel sert un thé à tous. Il est 19 heures, les oiseaux du Père Lachaise vont se coucher…

FIN

---

9 **incroyable** unglaublich – 12 **rester** bleiben – 13 **un placard** ein Schrank – 15 **un vétérinaire** ein Tierarzt – 20 **Quelle aventure!** Welch ein Abenteuer! – 23 **servir** *hier:* einschenken – 24 **aller se coucher** schlafen gehen

Pendant la lecture

Chapitre 1

1. Vrai ou faux? Si c'est faux, corrigez!

		V	F
a)	Yanis a rencontré Mme Michel, il y a un an.		
b)	Le Père Lachaise est un grand parc.		
c)	Yanis, Hugo et Camille sont très beaux!		
d)	Le jardinier a enlevé la vieille femme.		

2. Et vous?

Yanis n'aime pas le collège, mais *«heureusement, il y a Camille et Hugo, au bahut. Parce que sans eux…»* (p. 8)
Et pour vous, c'est comment, le collège sans vos amis? Faites un filet de mot.

3. Qui parle?

Lisez les phrases et trouvez qui parle. Reliez.

	dit	
Hugo •		• On va à l'école, quand il fait beau?
Mme Michel •		• Oh! Pauvres chatons!
Yanis •		• Il faut taper sur leur tête!
le père de Yanis •		• Un monsieur arrive, il me voit, il voit les chats.
Camille •		• Même Rouletabille a son bac!
M. Abdel •		• On l'a enlevée! Elle a été kidnappée!

Chapitre 2

1. Répondez aux questions.

a) Que font les amis dans les allées du cimetière?
b) Que boivent M. Abdel et les jeunes?
c) De qui il faut avoir peur?
d) Comment s'appelle Mme Michel?
e) Qui est le peintre célèbre mort en 1903?
f) Qui miaule dans le sac de l'ombre?

2. Complétez le texte avec le vocabulaire ci-dessous. Conjuguez les verbes, si nécessaire!

courageux	trouver	muse	possible
mort	peur	bruits	
chats	beaucoup	cimetière	

Les amis cherchent Mme Michel dans tout le ____________________. Il y a des __________ bizarres. Ils ne _______________ pas la vieille femme, et ils ont un peu __________. M. Adbel dit qu'ils ne sont pas très ___________________. Madame Michel a été la __________ d'un peintre, raconte Yanis. Alors peut-être qu'elle a ____________________ d'argent? Mais ce n'est pas __________________: le peintre est ___________ depuis trop longtemps! Les amis réfléchissent, mais quelque chose arrive: des __________________ sont enlevés!

Chapitre 3

1. Trouvez les réponses. Plusieurs solutions sont parfois possibles!

a) La voix qui parle ☐ est une voix d'homme ☐ est une voix de femme ☐ est méchante.

b) Yanis est énervé parce que ☐ Camille est toujours avec lui ☐ Camille ne fait pas comme lui ☐ Hugo est parti.

c) Les garçons vont à la bibliothèque pour ☐ trouver des informations sur Pissaro ☐ prendre des livres de peinture ☐ retrouver Mme Michel.

d) Au cimetière, l'ombre ☐ est derrière un arbre ☐ enlève Yanis ☐ enlève un chat.....

2. Un article horrible!

a) Qu'est-ce que Camille a lu dans le journal?
b) Vous êtes journaliste. Écrivez l'article que Camille a lu.

3. Paris ou pas Paris?

Quels endroits ne sont pas à Paris? Cochez. Vous pouvez aussi chercher sur Internet.

❑ Le Sacré-Cœur
❑ Le Mont Saint-Michel
❑ Le Louvre
❑ Le Château de Villandry
❑ Les Champs-Elysées
❑ Le Parc Astérix
❑ Le Pont du Gard
❑ La Place de la Concorde

Chapitre 4

1. Où sont les mots?

Cinq choses, lieux ou spécialités de Paris sont dans ce tableau. Trouvez-les!

D	G	A	R	E	L	T
S	L	P	P	T	R	O
E	O	O	A	O	A	U
I	M	E	T	R	O	R
N	B	U	U	G	S	E
E	R	C	I	A	O	I
L	E	A	V	T	Z	F
M	U	S	E	E	I	F
L	X	K	E	R	P	E
O	Z	I	S	Y	U	L

a) Elle traverse Paris.
b) Le Louvre n'est pas le seul, à Paris!
c) C'est le symbole de la ville.
d) Dans Paris, on bouge beaucoup, avec lui.
e) A Paris, il y a celle d'Austerlitz, et cinq autres.

2. Vrai ou faux? Si c'est faux, écrivez la phrase correcte!

		V	F
a)	Les laboratoires cherchent la vie éternelle.		
b)	Les trois amis font du parkour.		
c)	Camille et Yanis prennent la ligne de métro numéro 5.		
d)	Le Museum est un musée de peinture moderne.		
e)	Hugo n'aime pas les musées.		
f)	Les amis n'ont pas peur.		
g)	L'ombre passe à côté du squelette de baleine.		
h)	L'ombre perd un livre qui s'appelle «Incarnation».		

Chapitre 5

1. Lisez le texte et répondez aux questions.

a) A quelle station de métro descend l'ombre?

____

____

b) Comment s'appelle la cathédrale?

____

____

c) Qui explose la porte?

____

____

d) L'ombre est un fan de…?

____

____

e) Où est le chat Yanis, à la fin de l'histoire?

____

____

2. Si vous avez bien lu le chapitre 5, écrivez un résumé. Utilisez le vocabulaire ci-dessous.

Réincarnation courir file d'attente libre
grimper cauchemar porte héros

3. Et vous?

La vie éternelle, la réincarnation… sont des sujets souvent utilisés, en littérature. Et vous, vous pensez quoi? C'est possible, ou pas? Vous voulez la vie éternelle, ou une réincarnation? Pourquoi (pas)?

Après la lecture

1. Le parcours de l'ombre

Prenez une carte de Paris et du métro, et retrouvez le parcours de l'ombre dans la ville (rues et lignes de métro).

2. Internet

- Sur Internet, faites des recherches sur les gens célèbres enterrés au Père Lachaise, et présentez-les en classe.

- Pour en savoir plus sur le parkour, vous pouvez aller sur le site de «Parkour Paris».

3. A vous!

- Mme Michel revient de chez le vétérinaire avec le chat Yanis. Elle aussi raconte l'histoire à M. Abdel. Racontez pour elle.

- Ecrivez une autre fin pour l'histoire! Lisez ensuite votre idée en classe et écoutez les idées des autres. Vous préférez quelle fin?

4. Discussion

En classe, discutez du livre. Est-ce que vous avez aimé le lire? Pourquoi/pourquoi pas? Faites deux groupes, pour et contre, et donnez vos arguments.